まちごとチャイナ

Guangdong 009 Chaoshan

はじめての潮汕

「潮州・汕頭」韓江デルタの世界

Asia City Guide Production

【白地図】潮州汕頭と華南

潮州汕頭
と華南
0km
1000km

【白地図】潮州

潮州
0km
3km

【白地図】潮州韓江

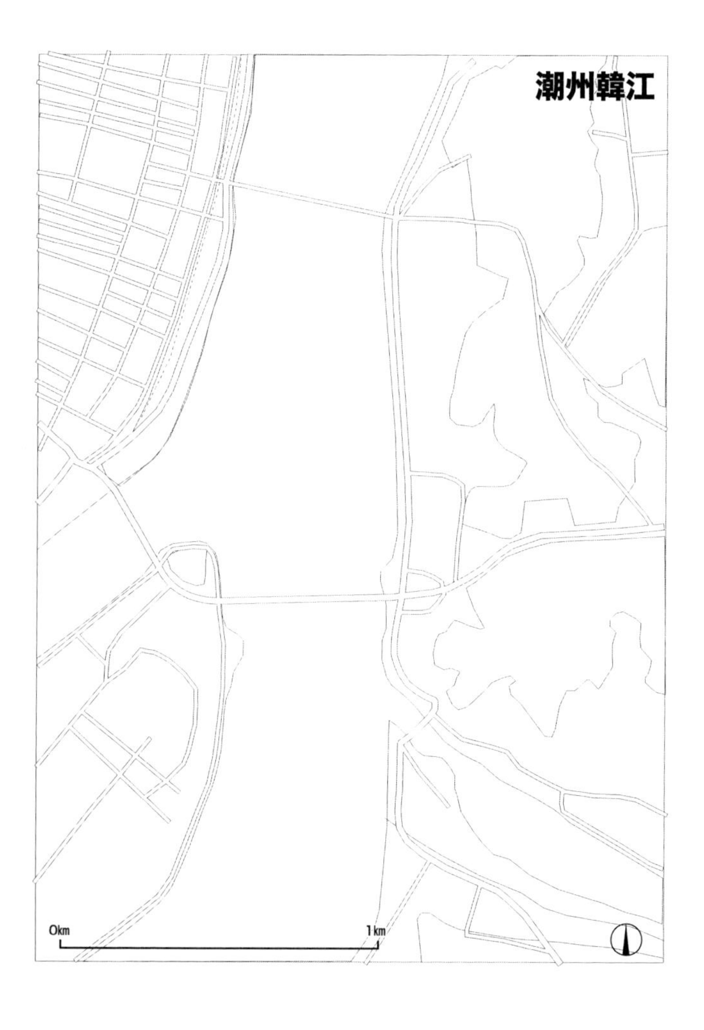
潮州韓江
0km
1km

【白地図】潮州旧城

潮州旧城
0km
1km

【白地図】潮州新市街

潮州新市街
0km
1km
人民広場
0m
500m

【白地図】汕頭

汕頭
0km
5km

【白地図】旧市街

旧市街
0m
500m

【白地図】人民広場

人民広場
0km
1km

【白地図】汕頭南岸

汕頭南岸
0km
2km

【まちごとチャイナ】
広東省 001 はじめての広東省
広東省 002 はじめての広州
広東省 003 広州古城
広東省 004 天河と広州郊外
広東省 005 深圳（深セン）
広東省 006 東莞
広東省 007 開平（江門）
広東省 008 韶関
広東省 009 はじめての潮汕
広東省 010 潮州
広東省 011 汕頭

中原から遠く離れた韓江デルタの古都潮州と、その外港として発展した汕頭。広東省東部に位置しながら、省都広州で話されている広東語とは互いに通じない潮州語を母語とし、独特の言語圏、文化圏をかたちづくってきた。

潮州という名称は隋代の590年につけられ、古くから漢族の南方進出拠点となっていた。唐宋時代、長安など中央の官吏の左遷先となったゆえ、潮州には中原の洗練された文化がいち早く伝わったという面もある。海鮮を活かした潮州料理、木彫や刺繍などの潮州伝統工芸はいずれも中国全土に知られ、

「嶺南の真珠」にもたとえられる。

こうしたなか、アヘン戦争後の1858年に潮州の開港が決まると、より立地のよい韓江河口部の汕頭に西欧列強が進出するようになった。汕頭はわずか半世紀ほどで中国有数の港町となり、ここから多くの潮州人が華僑として旅立ち、とくに東南アジアと中国を往来する人やもの、情報の窓口となっている。

【まちごとチャイナ】

広東省 009 はじめての潮汕

目次

【MEMO】

【地図】潮州汕頭と華南

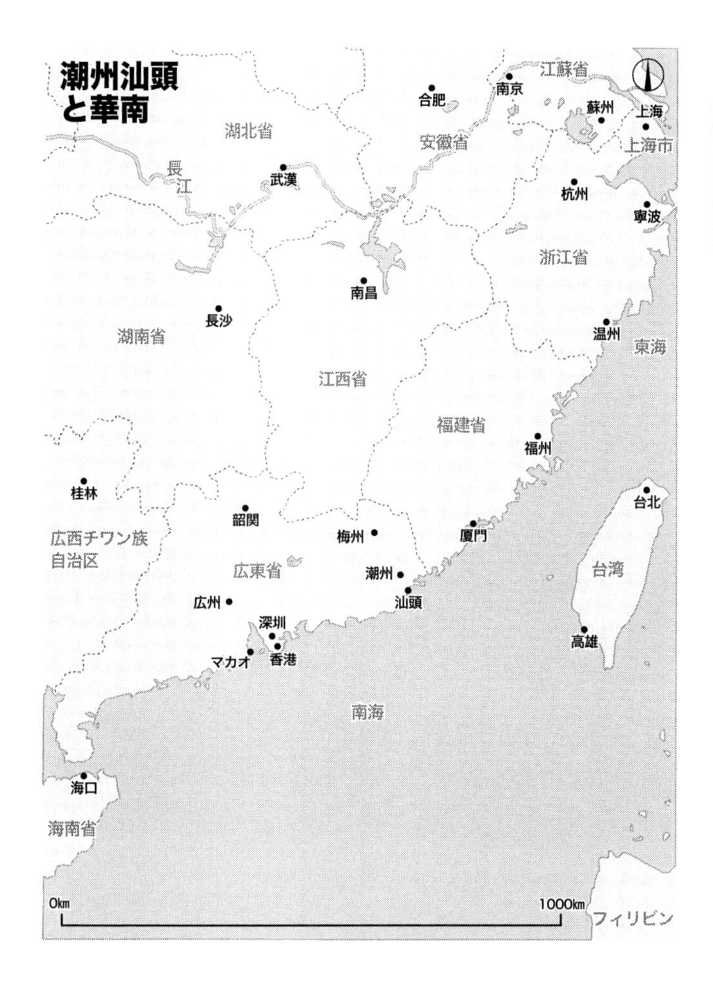
潮州汕頭
と華南
江蘇省
合肥
南京
蘇州
上海
上海市
湖北省
安徽省
長
江
武漢
杭州
寧波
浙江省
南昌
長沙
湖南省
温州
東海
江西省
福建省
福州
桂林
台北
韶関
広西チワン族
自治区
梅州
廈門
広東省
潮州
台湾
汕頭
広州
深圳
高雄
マカオ
香港
南海
海口
海南省
0km
1000km
フィリピン

CHINA
広東省

粤東陸の孤島で育まれた

海鮮料理で知られる潮州料理
中国有数の茶どころ
多彩な魅力で彩られる潮汕世界

潮汕地方の構成

潮汕という名称は、この地方の中心都市である潮州と汕頭の頭文字をあわせてつけられた。福建省武夷山系から広東省東部に入り、南海へとそそぐ全長470kmの韓江がつくった韓江デルタは潮汕平野とも呼ばれている。潮州はこの韓江デルタ（三角州）の頂部に位置し、韓江はここからいく筋もの流れにわかれて河口部へいたる。その河口のひとつに汕頭があり、当初は潮州の外港という位置づけだったが、やがて汕頭はこの地方で一番の大都市へと成長した。1978年以降の改革開放を受けてまもなく経済特区に指定された港湾都市汕頭、また隋唐以来の伝統をもつ古都潮州というふたつの都市がならび立つ状況となっている。

一流文人たちがここに左遷された

唐宋時代になっても、潮州には中原の漢族とは異なる言語や文化をもつ人びとが多く暮らし、中原から見て南の果ての蛮地と考えられていた。そのため、潮州は朝廷で皇帝の怒りを買って左遷されたり、権力闘争に敗れた官吏が飛ばされる流刑地のような性格をもつ街でもあった。則天武后（624～705年）の機嫌をそこねた唐臨はじめ、819年に「仏骨を論ずる表」を皇帝に奏上した儒学者韓愈、841年に官吏の楊嗣復、847年に牛李の党争に敗れた李徳裕らが潮州に左遷されている（とくに潮州を流れる韓江にもその名がとり入れられた韓愈は潮州で神格化され、韓文公祠にまつられている）。一方でそれゆえ、潮州には中原の洗練された文化が華南のなかではいち早く伝わったという面もあるという。

潮州と汕頭の手工芸品

趣向をこらした潮州料理や刺繍、木彫、石彫など、潮汕地方の伝統工芸は中国有数のものと知られる。またこの地方の建

▲左　隋代の590年より潮州と呼ばれるようになった。　▲右　中国四大名橋のひとつにあげられる広済橋

築は屋根のうえの派手な装飾、柱にほどこされた龍の浮き彫り、手の込んだ木彫で彩られる（ほかにも石経、竹器、漆器、剪紙などが代表的な工芸）。ほかに潮州や汕頭の刺繍は構図、針の多さ、色彩の豊富さ、重厚さなどで有名で、白色で山や畝をつくって厚みを出し、金や銀の絹糸で装飾してしあげる。この汕頭の刺繍（高級ハンカチーフ）は港町汕頭から日本にも伝わり、汕頭ハンカチーフの名前で知られていた。

中華料理最高峰の潮州料理

エビやカニ、牡蠣など、豊富な魚介（海鮮）類、四季折々の

▲左　潮州と汕頭は海鮮料理で知られる。　▲右　雄大な景色が広がる港町の汕頭

山の幸、豊かな潮汕平野で育まれた穀物。潮州料理は素材を活かしたあっさりとした味つけ、巧みな包丁使いによる独創的な盛りつけ（飾り切り）、出汁を重視したスープ料理で知られる。フカヒレ、ツバメの巣はこの地方の高級料理の代表格で、人びとが鉄の棒で牛肉をたたいた肉団子、潮州柑などの柑橘類も親しまれている（また古い中原でも食べられていた犬肉文化も残る）。この潮州料理は、潮州人が進出したタイのバンコクのチャイナ・タウン、香港九龍城はじめ、海鮮料理の代表格として中国各地でも食べられている。

【MEMO】

【地図】潮州の［★★★］

- □ 広済橋 广济桥グゥアンジイチャオ
- □ 潮州牌坊街（太平路）潮州牌坊街
  チャオチョウパイファンジエ

【地図】潮州の［★★☆］

- □ 韓江 韩江ハァンジィアン
- □ 韓文公祠 韩文公祠ハァンウェンゴォンツウ
- □ 潮州旧城 潮州旧城チャオチョウジィウチャァン
- □ 開元寺 开元寺カァイユゥエンスウ

【地図】潮州の［★☆☆］

- □ 鳳凰塔 凤凰塔フェンフゥアンタア
- □ 西湖公園 西湖公园シイフウゴォンユゥエン
- □ 潮州新市街 潮州新城チャオチョウシィンチャァン
- □ 人民広場 人民广场レンミィングゥアンチャアン
- □ 清龍古廟 青龙古庙チィンロォングウミィアオ

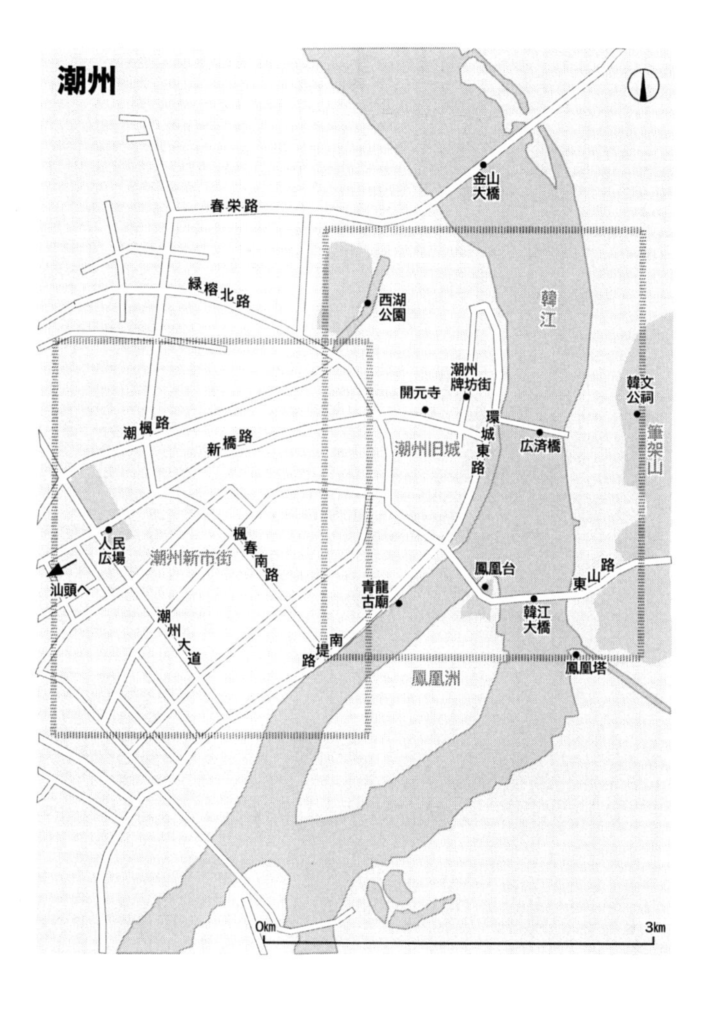
潮州
金山大橋
春栄路
緑榕北路
西湖公園
韓江
潮州牌坊街
開元寺
韓文公祠
潮楓路
新橋路
環城東路
広済橋
筆架山
潮州旧城
人民広場
楓春南路
潮州新市街
鳳凰台
東山路
汕頭へ
青龍古廟
韓江大橋
潮州大道
南堤路
鳳凰塔
鳳凰洲
0km
3km

Guide, Chao Zhou Han Jiang 潮州韓江 城市案内

CHINA
広東省

福建省に源をもち広東省東部を流れる韓江
潮州はこの韓江のほとりに開け
文人韓愈にその名は由来する

広済門城楼 广济门城楼 **guǎng jì mén chéng lóu**
グゥアンジイメンチャンロウ ［★★☆］

明代の1370年に建設された、高さ24.43m、三層の広済門城楼。広東省東部の大動脈である韓江に面した潮州旧城の東門で、ここから両脇に潮州府城墻遺址が伸びる（広済門のほか上水門、竹木門、下水門のあわせて4つの城門が韓江に向かってそびえている）。長らく潮州が韓江を通じて河川港だったこともあり、広済門城楼の内側には潮州の船乗りや商人の信仰を集めた「海の守り神」媽祖をまつる天后宮も残る。

韓江 韩江 **hán jiāng ハァンジィアン** ［★★☆］

福建省の武夷山脈から広東省東部を通り、潮州にいたる全長470kmの韓江。潮州は韓江デルタの頂部にあたり、そこからいく筋もの流れにわかれていく。潮汕平原はこの韓江の土砂がつくったほか、海上から内陸部へ続く交通の大動脈にもなってきた。かつて悪渓と呼ばれていたが、この地に赴任した韓愈(768～824年)が悪渓のワニ退治を行なったことで「韓江」と呼ばれるようになった。韓江の流れにそって「濱江長廊」という遊歩道が整備されているほか、潮州という名前は韓江の潮汐に由来する。

【地図】潮州韓江の［★★★］

□　広済橋 广济桥グゥアンジイチャオ

□　潮州牌坊街（太平路）潮州牌坊街

　　チャオチョウパイファンジエ

【地図】潮州韓江の［★★☆］

□　広済門城楼 广济门城楼グゥアンジイメンチャンロウ

□　韓江 韩江ハァンジィアン

□　韓文公祠 韩文公祠ハァンウェンゴォンツウ

□　潮州旧城 潮州旧城チャオチョウジィウチャァン

□　開元寺 开元寺カァイユゥエンスウ

【地図】潮州韓江の［★☆☆］

□　開元寺泰仏殿 开元寺泰佛殿

　　カイユゥエンスウタイフウディエン

□　鳳凰塔 凤凰塔フェンフゥアンタア

□　清龍古廟 青龙古庙チィンロォングウミィアオ

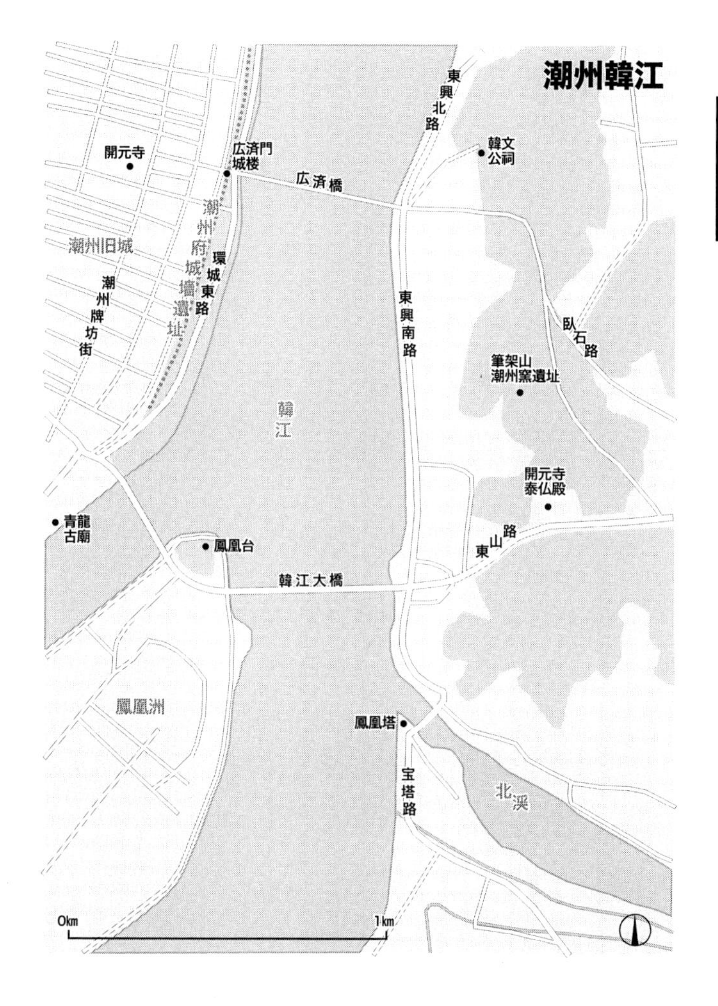
潮州韓江
東興北路
韓文公祠
開元寺
広済門城楼
広済橋
潮州旧城
潮州府城墻遺址
環城東路
潮州牌坊街
東興南路
臥石路
筆架山潮州窯遺址
韓江
開元寺泰仏殿
青龍古廟
鳳凰台
東山路
韓江大橋
鳳凰洲
鳳凰塔
宝塔路
北渓
0km
1km

広東省

広済橋 广济桥 **guǎng jì qiáo グゥアンジイチャオ**［★★★］

韓江にかかり、潮州旧城と対岸を結ぶ全長518mの広済橋。東岸と西岸から橋が伸び、橋の中央部はとりはずしの可能な浮船がならべられている。この橋は56年のときをへて南宋時代の1226年に完成し、韓江をまたいで人やものの往来が活発になった（韓江中央部の急な流れから橋桁を守ること、年3.7mもある干満差に対応できること、韓江を往来する船の便が考えられた）。その後の明代、24の橋桁にそれぞれ楼閣が立ち、中央に18艘の浮船が続く現在の姿となった。この広済橋は、北京の盧溝橋、石家荘近郊の趙州橋、泉州の洛陽橋とともに中国四大名橋にあげられる。

▲左　24の姿かたちの異なる楼閣が連なっていく。　▲右　韓愈は韓江のワニ退治をして人びとの生活を豊かにした

特異なかたちをした広済橋

広済橋を支える24の橋桁には、それぞれかたちの異なる24の楼閣が立つ。これらは明代の1513年に建てられたもので、扁額がかかり、屋根の四隅のそりあがった楼閣が連続する(その後、消失と再建を繰り返したのち、現在の橋は21世紀に入って整備されたもの)。中央に18艘の浮船がならぶ浮き橋となっていて、春ごろ潮の影響を受けて浮船が上昇する「湘橋春漲」は潮州の風物詩と知られてきた。また広済橋の中央部には、治水や旅人の安全な通行を願って鉄牛がおかれている。

韓文公祠 韩文公祠 **hán wén gōng cí**
ハァンウェンゴォンツウ［★★☆］

韓江東岸の笔架山麓に立つ唐代の文人韓愈をまつった韓文公祠。韓愈（768 ～ 824 年）は儒教の立場から正しい統治のありかたを唱え、宋代の朱子学へも影響をあたえた文人として知られた。819 年、宮廷での仏骨供養を試みた憲宗に対して、韓愈は「仏骨を論ずる表」を上奏して儒教の立場から仏教を非難した。この韓愈の上奏は皇帝の怒りを買い、当時、嶺南の未開地とされた潮州への左遷が決まった（当時の潮州は流刑地だった）。韓愈は 8 か月の潮州時代に、農業を振興し、

▲左　華僑の援助で建てられたタイ仏教様式の開元寺泰仏殿。　▲右　明代創建の鳳凰塔

教育を進めるなど、街の発展に寄与したことからのちに神さまとして信仰されるようになった。韓文公祠は 1189 年に建てられ、笔架山の斜面にそうように「韓祠広場石書」「石牌坊」「主祠」「允元亭」と続き、上部からは韓江の流れと潮州の街が見渡せる。

開元寺泰仏殿 开元寺泰佛殿 **kāi yuán sì tài fú diàn**
カイユゥエンスウタイフウディエン［★☆☆］

開元寺泰仏殿は潮州から東南アジアへ進出して成功した華僑の援助で建てられた仏教寺院。1992 年に完成し、「山」の字

型の大殿、金色の仏像などタイ仏教の様式をもつ（潮州華僑はタイのバンコクへ多く進出し、当地で強い影響力をもった）。

鳳凰塔 凤凰塔 **fèng huáng tǎ フェンフゥアンタア**［★☆☆］
韓江東岸のほとりにそびえる高さ 47.72m、七層八角の鳳凰塔。明の万暦年間（1518 ～ 85 年）に官吏の郭子章が韓江の治水を願って建てたもので、鳳凰塔という名前は遠くに対峙する潮州鳳凰山からとられている。

Guide, Chao Zhou Jiu Cheng

潮州旧城

城市案内

CHINA
広東省

古くから漢民族の南方進出の拠点となった潮州
東晋の331年に街ができ
隋代の590年以来、潮州という名前が定着している

潮州旧城 潮州旧城 cháo zhōu jiù chéng
チャオチョウジィウチャァン［★★☆］

韓江のほとりに開け、周囲を楕円形の城壁で囲まれた潮州旧城（城壁は韓江に面した東側に残り、その東門の広済門城楼が堂々とした姿で立つ）。旧城内は碁盤の目状の街区をもち、明清時代の面影を伝える石畳の古い路地も多く見られる。とくに「猷巷」「竈巷」「義井巷」「興寧巷」「甲第巷」「家伙巷」「石牌巷」「辜厝巷」「鄭厝巷」「庵巷」をあわせて潮州十大名巷と呼ぶ。

【MEMO】

【地図】潮州旧城の［★★★］

□　潮州牌坊街（太平路）潮州牌坊街
　　チャオチョウパイファンジエ
□　広済橋 广济桥グゥアンジイチャオ

【地図】潮州旧城の［★★☆］

□　潮州旧城 潮州旧城チャオチョウジィウチャァン
□　開元寺 开元寺カァイユゥエンスウ
□　胡栄泉 胡荣泉フウロォンチュゥエン
□　広済門城楼 广济门城楼グゥアンジイメンチャンロウ
□　韓江 韩江ハァンジィアン
□　韓文公祠 韩文公祠ハァンウェンゴォンツウ

【地図】潮州旧城の［★☆☆］

□　西湖公園 西湖公园シイフウゴォンユゥエン
□　清龍古廟 青龙古庙チィンロォングウミィアオ
□　開元寺泰仏殿 开元寺泰佛殿
　　カイユゥエンスウタイフウディエン
□　鳳凰塔 凤凰塔フェンフゥアンタア

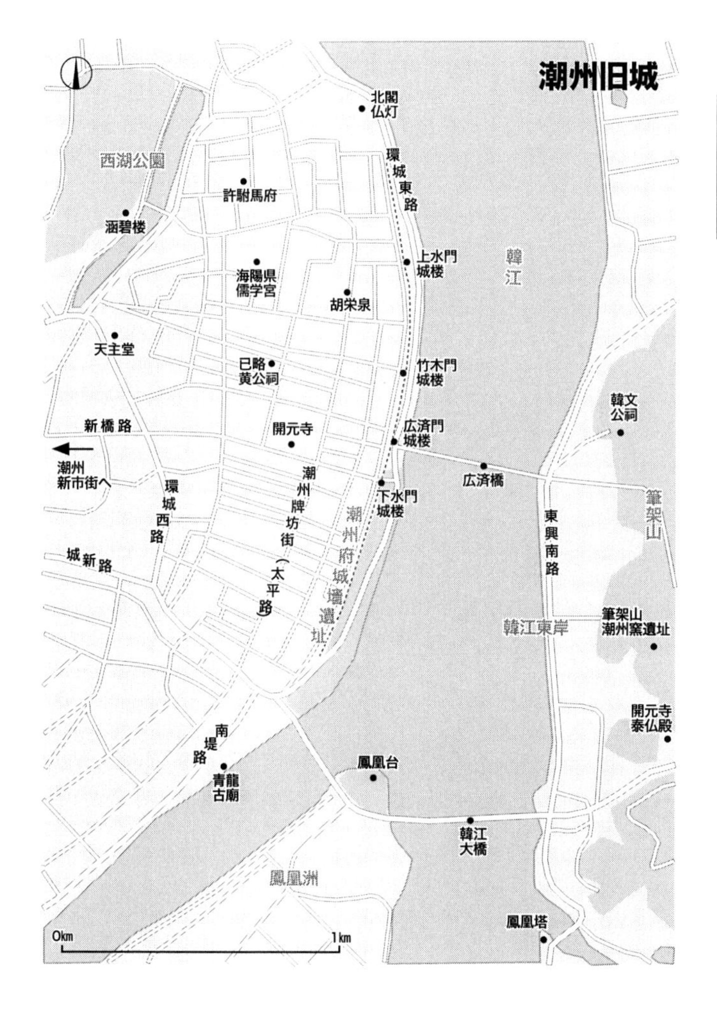
潮州旧城
北閣
仏灯
環城東路
西湖公園
許駙馬府
涵碧楼
上水門
城楼
韓江
海陽県
儒学宮
胡栄泉
天主堂
已路
黄公祠
竹木門
城楼
韓文
公祠
新橋路
開元寺
広済門
城楼
潮州
新市街へ
広済橋
潮州牌坊街
下水門
城楼
筆架山
環城西路
潮州府城墻遺址
東興南路
城新路
（太平路）
筆架山
潮州窯遺址
韓江東岸
開元寺
泰仏殿
南堤路
鳳凰台
青龍
古廟
韓江
大橋
鳳凰洲
鳳凰塔
0km
1km

広東省

潮州牌坊街（太平路）潮州牌坊街 **cháo zhōu pái fāng jiē**
チャオチョウパイファンジエ［★★★］

潮州旧城の中心を南北に走る潮州牌坊街（太平路）。牌坊が連続する姿からこの名前で呼ばれるようになり、明代の牌坊が 18 座、清代の牌坊が 4 座残る（華僑に合格した人などが、その成功を祝って牌坊を建てた）。通りの両脇には飲食店、雑貨店、茶の卸売店がずらりとならび、この街有数のにぎわいを見せる。中国にある牌坊街のなかでも、潮州のものが「天下第一」とたたえられる。

▲左　手軽に食べられる潮州小吃もこの街の魅力。　▲右　中国随一とたたえられる牌坊街

手間暇かける潮州工夫茶

福建省南部（厦門や泉州などの閩南）と潮州、汕頭あたりの人びとは、中国でもっとも茶にうるさいと言われるほど茶への親しみが深い。この地方では鳳凰水仙や鳳凰単欉といった半発酵系の烏龍茶が、工夫茶と呼ばれる喫茶方法で飲まれている。工夫茶は急須や茶杯などの「工夫四宝」を使って手間暇をかけながら、茶の香りや茶の味を何度も楽しむ。茶は心を落ち着け、亜熱帯の環境にある身体を冷す効能もあるという。潮州では茶葉の卸売店や茶店が多く見られ、茶葉や茶器へのこだわり、潮州人の茶にかける思いは「茶で破産する（ほど）」と言われる。

開元寺 开元寺 **kāi yuán sì カァイユゥエンスウ**［★★☆］

開元寺は隋唐時代に建てられた古刹で、738年以来、開元寺の名前で知られるようになった（玄宗皇帝の命で潮州はじめ各地に官寺の開元寺がつくられた）。「山門」から「天王殿」「大雄宝殿」「蔵経楼」へと伽藍が展開し、敷地内には高さ5m（八層）と高さ7m（二十五層）の石経幢が立つ。また黄色の瑠璃瓦でふかれた屋根には、この地方特有の派手な装飾がほどこされている。潮州旧城の中央部に位置し、多くの参詣者を集める「粤東第一」の仏教寺院となっている。

▲左　旧城の中心に立つ仏教古刹の開元寺。　▲右　潮州人の憩いの場となっている西湖公園

胡栄泉 胡荣泉
hú róng quán フウロォンチュゥエン［★★☆］

胡栄泉は清朝末期の1911年に創業した潮州小吃店。砂糖水に、餅、蓮の実などをあわせた「鴨母捻」や雲呑餃子入りスープ「潮州胡栄泉炸餃湯」などが名物で、地元潮州人に愛されている。

西湖公園 西湖公园

xī hú gōng yuán シイフウゴォンユゥエン ［★☆☆］

潮州旧城の北西に位置する西湖公園。韓愈（768 ～ 824 年）のワニ退治の舞台となった場所でもあり、中国共産党の拠点がおかれた「涵碧楼」、日中戦争と国共内戦時に生命を落とした人びとをまつる「潮州革命烈士紀念碑」はじめ、「寿安古寺」「処女泉清」「鳳棲楼」「潮州動物園」などの景勝地が集まる。

CHINA
広東省

Guide, Chao Zhou Xin Cheng
潮州新城 城市案内

潮州旧城の西側に整備された新市街
バイクやバスが激しく往来し
旧城とは異なる表情を見せる

潮州新市街 潮州新城 **cháo zhōu xīn chéng**
チャオチョウシィンチャァン［★☆☆］

潮州旧城の西側、20世紀以降に発展した新市街。バスの走る潮楓路、飲食店や衣料品の店舗がならぶ新橋路を中心に多くの人でにぎわっている。また福安路、吉怡路では潮州料理を出す店や、鶏肉や魚介類を売る露店も見られる。

人民広場 人民广场 **rén mín guǎng chǎng**
レンミィングゥアンチャアン［★☆☆］

潮州市街の西部、ちょうどこの街の入口にあたる場所に整備

【MEMO】

【地図】潮州新市街の［★★☆］

□　開元寺 开元寺カァイユゥエンスウ

□　韓江 韩江ハァンジィアン

【地図】潮州新市街の［★☆☆］

□　潮州新市街 潮州新城チャオチョウシィンチャァン

□　人民広場 人民广场レンミィングゥアンチャアン

□　清龍古廟 青龙古庙チィンロォングウミィアオ

□　西湖公園 西湖公园シイフウゴォンユゥエン

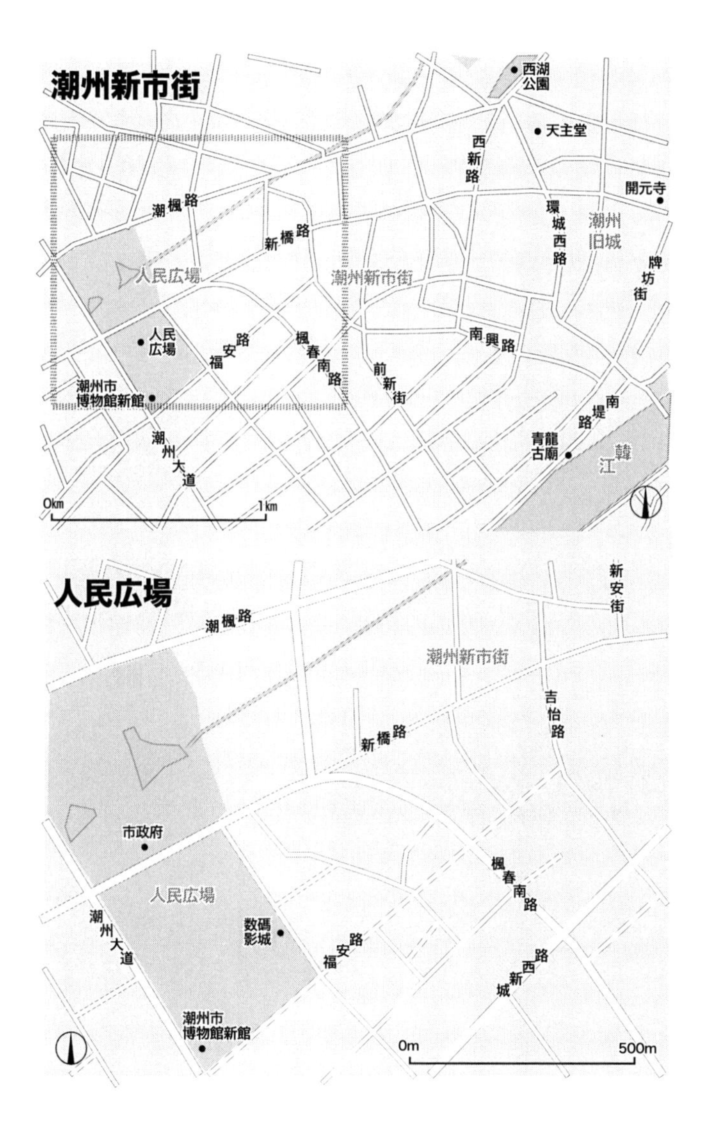
潮州新市街
西湖公園
天主堂
西新路
開元寺
潮楓路
新橋路
環城西路
潮州旧城
人民広場
潮州新市街
牌坊街
人民広場
福安路
楓春南路
南興路
潮州市博物館新館
前新街
南堤路
潮州大道
青龍古廟
韓江
0km
1km
人民広場
潮楓路
新安街
潮州新市街
吉怡路
新橋路
市政府
人民広場
楓春南路
潮州大道
数碼影城
福安路
新城西路
潮州市博物館新館
0m
500m

された人民広場。あたりには「潮州市政府」「潮州市博物館新館」「数碼影城」といった公共施設や銀行がならび立つ。

清龍古廟 青龙古庙 **qīng lóng gǔ miào**
チィンロォングウミィアオ［★☆☆］

韓江大橋の西端に立つ清龍古廟。三国時代の蜀に生きた安済聖王がまつられた道教寺院で、北宋（11世紀）時代に創建されたのち、何度も改修されて現在にいたる。韓江にのぞむ伽藍は、潮汕地方特有の派手な装飾で彩られている。

CHINA
広東省

潮州語携えた華僑たち

団結力の強さと排他性の強さ
潮汕人は潮州語を紐帯として
世界各地へ進出していった

潮州語・広東語・客家語

広東省東部（粤東）の潮汕地方では、広東語と異なる潮州語が話されている（一般的に広東省で話されている広東語は北京語の「ニイハオ」に対して、「ネイホウ」と発音される）。潮州へは宋代、福建省南部から大規模な移住があったという経緯からも、潮州語は福建省南部で話されている閩南語系の方言だとされ、そのため潮州人は「福佬」と呼ばれる。また歴史的に潮州府（潮州十邑）のおかれた韓江デルタでは潮州語がおもに話されているものの、そのうちの韓江上流域の大埔は山がちで客家語を話す客家が暮らす（客家は中原から南方に移住してきた人びとで、古い中原の文化を残す。地元から「客人」とされ、梅州は客家の拠点)。そのため韓江デルタでは「潮州語」、その東側では「閩南語」、北側では「客家語」、西側では「広東語」が話されている。

潮汕から香港・東南アジアへ

人口過多で海に面した中国南東地方からは、海を渡る華僑が多く出た。「福建」「客家」「広東」「海南」「潮州」が華僑の五大幇で、アメリカやヨーロッパ、東南アジアに拠点チャイナ・タウンをつくっていった。潮州幇はとくに東南アジアに進出し、明代、潮州地方の海賊林道乾は 2000 人を連れてタイ南部のパタニ地方に移住した。また清朝の 17 世紀以来、中国の食糧不足に応えるためタイ米をジャンク船で中国に運ぶ海上輸送を一手にになったのが潮州商人で、タイでは潮州人を父親にもつタクシンがトンブリ王朝を開いている（バンコクに潮州人が多く呼び寄せられ、現在もバンコクのチャイナ・タウンでは潮州語が話されている)。アヘン戦争後の 1842 年に香港がイギリスに割譲されると、多くの潮州人が香港に進出することになった。香港では上環の文咸街に拠点を構えた「南北行（南の東南アジアと北の北京や上海を往来

▲左　竹細工は潮州の伝統工芸のひとつ。　▲右　汕頭の相互扶助団体、存心善堂

する商人)」と呼ばれる潮州商人が活躍し、魔窟と恐れられた九龍城には多くの潮州人が暮らし、九龍城の撤去後もあたりでは潮州料理店が見られる。

潮州汕頭華僑の成功

1858年の天津条約で潮州の開港を受けて、1860年にその外港にあたる汕頭に西欧列強が進出し、新興港湾都市汕頭は急速な発展を見せた。同時に、この汕頭から香港や東南アジアに向かって、一攫千金を夢見る潮汕人たちが繰り出した。1921年にバンコクで創業した正大荘行からタイを代表する

財閥へと成長させたCPグループの謝氏一族、香港に渡り、香港フラワーから財閥の長江実業を築きあげた李嘉誠、またタイガーバームで財をなした客家人胡文虎などが潮州、汕頭ゆかりの華僑と知られる。1978年に鄧小平の指導のもと資本主義の要素を導入する改革開放へかじが切られると、これら香港や東南アジアで成功した華僑の投資を呼びこむため、深圳、珠海、厦門とともに汕頭に経済特区がおかれた。

Guide,
Shan Tou Lao Cheng

汕頭老城城市案内

CHINA
広東省

潮州から韓江を35㎞くだった
ところに位置する港町の汕頭
20世紀初頭の老埠頭のたたずまいを伝える

汕頭旧市街 汕头老城区 **shàn tóu lǎo chéng qū**
シャントォウラァオチャァンチュウ ［★★★］

汕頭という名前は、清代なかごろから定着していたが、砂州が広がるばかりだったこの地の発展は近代以降に進んだ（汕頭は普通語で「シャントォウ」、地元の潮州語では「スワトウ」と呼ぶ）。1860年に開港されて西欧の領事館や商館、銀行がおかれ、仕事と機会を求める多くの人びとが汕頭に集まった。また汕頭の港から多くの華僑が海を渡り、1920～30年代に建てられた石づくりの建築が今も見られる。永平酒楼旧址、日本の台湾銀行跡の汕頭開埠文化陳列館などが残る永平路、地元の汕頭人た

【MEMO】

【地図】汕頭の［★★★］

□　汕頭旧市街 汕头老城区
シャントォウラァオチャァンチュウ

【地図】汕頭の［★★☆］

□　小公園 小公园シャオゴォンユゥエン

【地図】汕頭の［★☆☆］

□　中山公園 中山公园チョォンシャンゴォンユゥエン
□　人民広場 人民广场レンミィングゥアンチャァアン
□　汕頭港 汕头港シェントォウグアン
□　礐石風景区 礐石风景区
チュエシイフェェンジィンチュウ

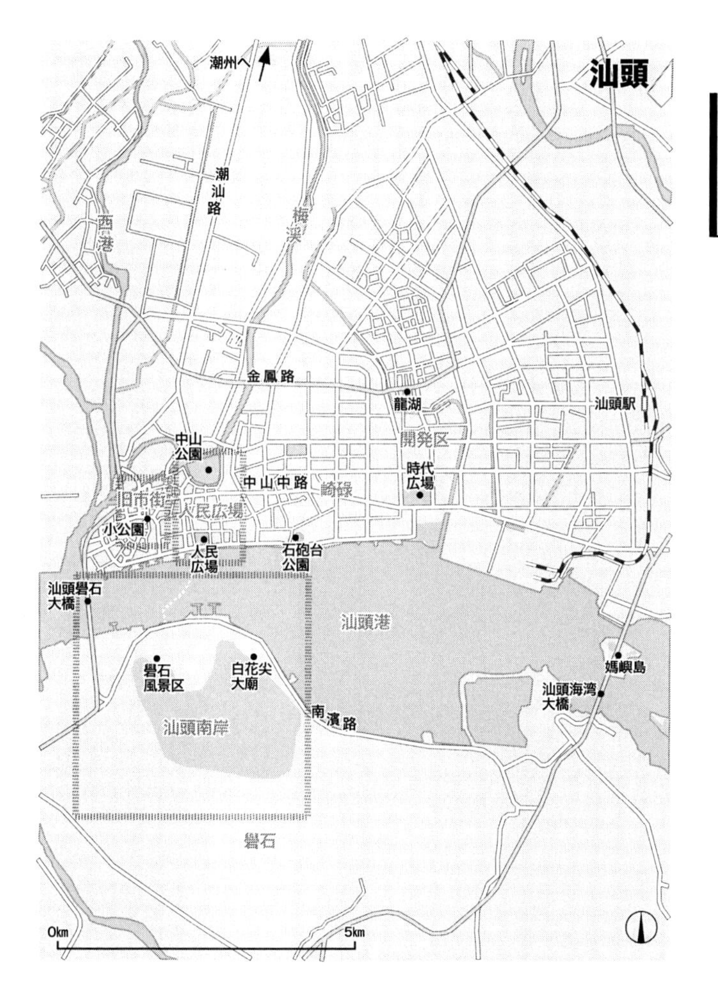
汕頭
潮州へ
潮汕路
西港
梅溪
金鳳路
龍湖
汕頭駅
開発区
中山公園
時代広場
中山中路
旧市街
人民広場
小公園
人民広場
石砲台公園
汕頭礐石大橋
汕頭港
礐石風景区
白花尖大廟
媽嶼島
汕頭海湾大橋
南濱路
汕頭南岸
礐石
0km
5km

【地図】汕頭旧市街の［★★★］

☐　汕頭旧市街 汕头老城区
シャントォウラァオチャァンチュウ

【地図】汕頭旧市街の［★★☆］

☐　小公園 小公园シャオゴォンユゥエン

☐　天后宮 天后宫ティエンホォウゴォン

【地図】汕頭旧市街の［★☆☆］

☐　存心善堂 存心善堂ツゥンシィンシャンタァン

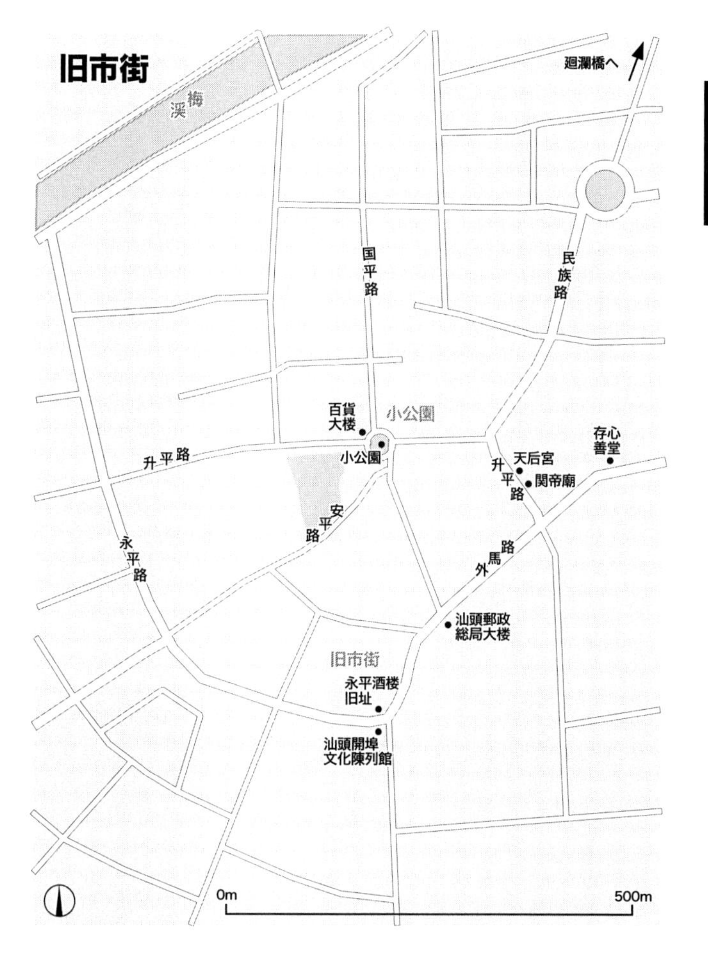
旧市街
梅渓
迴瀾橋へ
国平路
民族路
百貨大楼
小公園
小公園
存心善堂
升平路
天后宮
升平路
関帝廟
安平路
永平路
外馬路
汕頭郵政総局大楼
旧市街
永平酒楼旧址
汕頭開埠文化陳列館
0m
500m

ちが集まる市場も開かれる升平路などが位置する。

小公園 小公园 **xiǎo gōng yuán シャオゴォンユゥエン**［★★☆］
汕頭旧市街の中心に位置し、放射状の5つの通りが集まる小公園（永和、永泰、永興、永安、昇平という5つの通り「四永一昇平」は汕頭のにぎわいの象徴だった）。円形ロータリーの中心には中国風の亭が立ち、隣接して1932年創建の百貨大楼が堂々とした姿を見せる。周囲には20世紀初頭に建てられた騎楼と呼ばれる建物が続き、風雨をよけるため1階がアーケード状の通路になっている。

▲左　派手な装飾が目をひく天后宮。　▲右　汕頭旧市街は 20 世紀の埠頭文化が息づく

天后宮 天后宮 **tiān hòu gōng ティエンホォウゴォン**［★★☆］

天后宮あたりは、清朝乾隆帝（在位 1735 ～ 95 年）、嘉慶帝（在位 1796 ～ 1820 年）時代ごろから市場が形成された「汕頭発祥の地」とされる。18 世紀、隣接する関帝廟とともに創建され、汕頭の漁師や商人たちが集まる商売の拠りどころとなっていた（天后宮は「海の守り神」媽祖を、関帝廟は「商売の神さま」関羽をまつった）。現在の天后宮は、汕頭開港後の 1879 年に再建されたもので、宋代の福建省に実在した巫女の「媽祖（＝天の妃）」がまつられている。関帝廟ともども、派手な装飾がほどこされ、汕頭の人びとの信仰を集めている。

存心善堂 存心善堂

cún xīn shàn táng ツゥンシィンシャンタァン［★☆☆］

存心善堂は公共事業や教育、医療、死者の埋葬などを行なう互助組織で、仏教色の濃い儀礼で知られてきた。清末の疫病や戦乱のさなか、潮汕地域では善堂がいくつも建てられ、存心善堂は1899年に設立されている。宋代、この地方を流れる練江に橋をかけて人びとの生活を豊かにした大峰祖師がまつられているほか、降神術の「扶乩（中国版こっくりさん）」を行なう行事でも知られる。現在の建物は2003年に再建されたもので、寺院は極彩色の装飾で彩られている。

Guide,
Shan Tou Cheng Shi

汕頭市街城市案内

CHINA
広東省

汕頭の街は東へ、東へと拡大した
人民広場からは対岸の礐石へ渡る
フェリーも出航している

中山公園 中山公园 **zhōng shān gōng yuán**
チョォンシャンゴォンユゥエン ［★☆☆］

汕頭旧市街の北側を流れる梅渓の中洲を利用してつくられた中山公園。「九曲橋」「中山牌坊」「仮山」「動物園」などが位置し、汕頭市民の憩いの場となっている。汕頭八景のひとつ「月苑鶯声」にあげられる。

商業街 商业街 **shāng yè jiē シャンイェエジィエ** ［★☆☆］

細い通りに、もの売りの集まる市場が開かれている商業街。エビ、カニ、牡蠣など海鮮がならぶ汕頭市民の台所となっていて、肉や野菜類を売る市場も隣接する。

人民広場 人民广场 **rén mín guǎng chǎng**
レンミィングゥアンチャァアン［★☆☆］

人民広場は 1956 年、汕頭旧市街の東側、かつてビーチが広がっていた地に整備された。ローマ遺跡風の柱のモニュメント、噴水、彫刻が見られるほか、ここ人民広場前から対岸の礐石への船が出ている。

【地図】人民広場の［★★★］

□　汕頭旧市街 汕头老城区
　　シャントォウラァオチャァンチュウ

【地図】人民広場の［★★☆］

□　天后宮 天后宫ティエンホォウゴォン

【地図】人民広場の［★☆☆］

□　存心善堂 存心善堂ツゥンシィンシャンタァン
□　中山公園 中山公园チョォンシャンゴォンユゥエン
□　商業街 商业街シャンイェエジィエ
□　人民広場 人民广场レンミィングゥアンチャァアン
□　汕頭港 汕头港シェントォウグアン

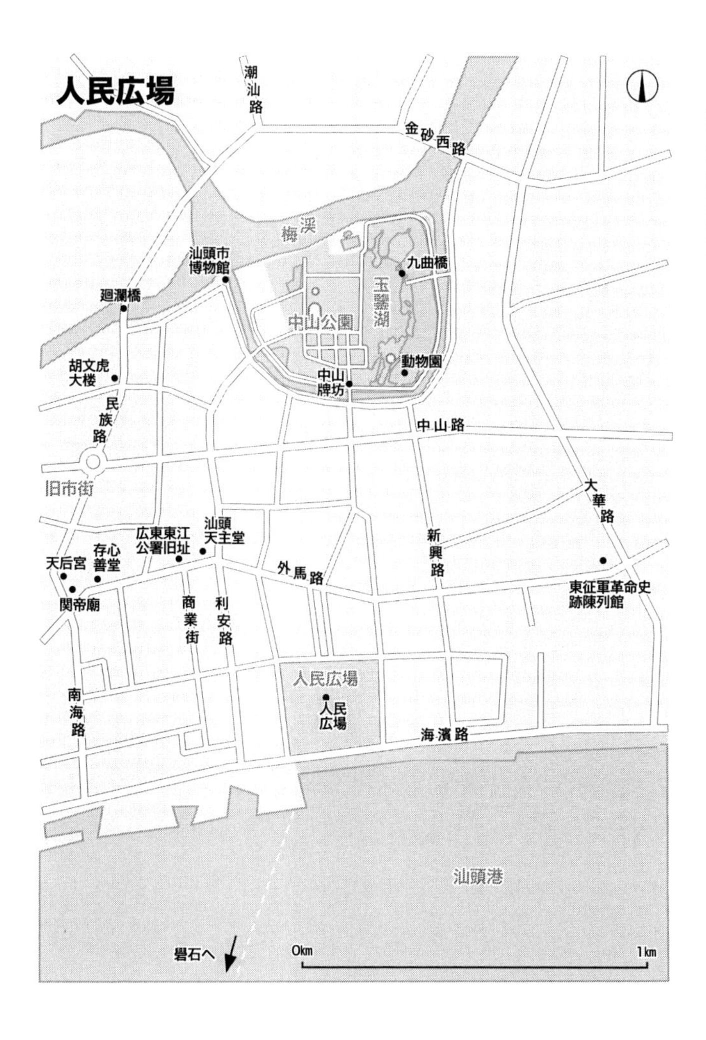
人民広場
潮汕路
金砂西路
梅渓
汕頭市博物館
廻瀾橋
九曲橋
玉鑒湖
中山公園
胡文虎大楼
動物園
中山牌坊
民族路
中山路
旧市街
大華路
汕頭天主堂
広東東江公署旧址
新興路
存心善堂
天后宮
外馬路
関帝廟
東征軍革命史跡陳列館
商業街
利安路
南海路
人民広場
人民広場
海濱路
汕頭港
礐石へ
0km
1km

▲左　汕頭港は福建省・広東省・台湾を結ぶ好立地に位置する。　▲右　対岸の礐石とはフェリーで結ばれている

汕頭港 汕头港 **shàn tóu gǎng シェントォウグアン**［★☆☆］
韓江と榕江河口合流点に位置し、広い海域をもつ汕頭港。この汕頭港を中心に「一湾両岸（港と北岸、南岸で汕頭）」の言葉も知られ、大型タンカーが往来する光景が見られる。汕頭港の発展は1860年の開港以来はじまり、20世紀初頭には中国八大貿易港のひとつにあげられていた。西側に全長2940mの汕頭礐石大橋、東側に全長2500mの汕頭海湾大橋がかかる。

【MEMO】

CHINA
広東省

Guide, Shan Tou Nan Ao 汕頭南岸城市案内

建築資材の花崗岩を産出することから
かつては角石と呼ばれていた礐石
汕頭黎明期から西欧人の居留地がおかれていた

礐石風景区 礐石风景区 **què shí fēng jǐng qū**
チュエシイフェェンジィンチュウ［★☆☆］

礐石という地名は董必武（1886 ～ 1975 年）が詠んだ「隔海望礐石」に由来する。かつて汕頭南岸のこの地では、「香爐曉烟（香爐山の朝もや）」が知られたが、現在は大小 43 の山、奇岩や渓流が広がる礐石風景区として整備されている。汕頭開港直後の 1862 年に建てられた「英国領事署旧址（旧イギリス領事館)」も残る。

天壇花園 天坛花园 **tiān tán huā yuán**
ティエンタァンフゥアユゥエン ［★☆☆］

天壇花園は潮州華僑の援助で建てられた複合型仏教寺院。九天玄女をまつる「白花尖大廟」を中心に、粤東第一宝塔と呼ばれる高さ 56.5m の「万仏宝塔」、法会の行なわれる「九天禅院」などが立つ。白花尖大廟は香港の潮州人の信仰を集める百花尖廟の「百」の字を「白」に変えて名づけられた。

【地図】汕頭南岸の［★★★］

☐ 汕頭旧市街 汕头老城区
シャントォウラァオチャァンチュウ

【地図】汕頭南岸の［★★☆］

☐ 小公園 小公园シャオゴォンユゥエン

【地図】汕頭南岸の［★☆☆］

☐ 礐石風景区 礐石风景区チュエシイフェェンジィンチュウ
☐ 天壇花園 天坛花园ティエンタァンフゥアユゥエン

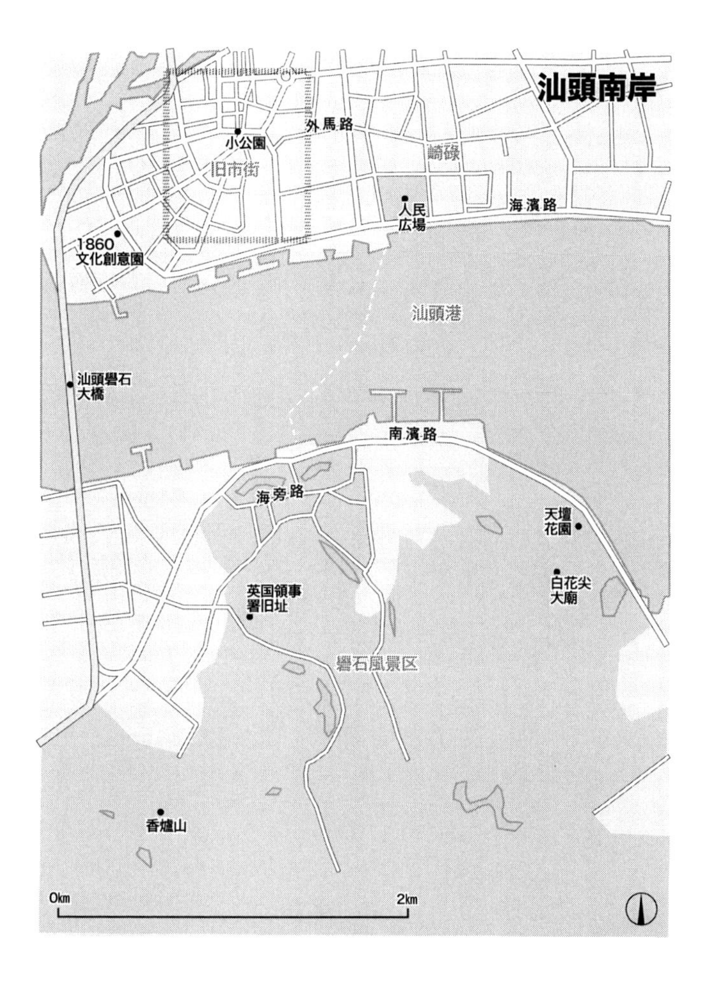
汕頭南岸
外馬路
小公園
旧市街
崎碌
人民
広場
海濱路
1860
文化創意園
汕頭港
汕頭礐石
大橋
南濱路
海旁路
天壇
花園
白花尖
大廟
英国領事
署旧址
礐石風景区
香爐山
0km
2km

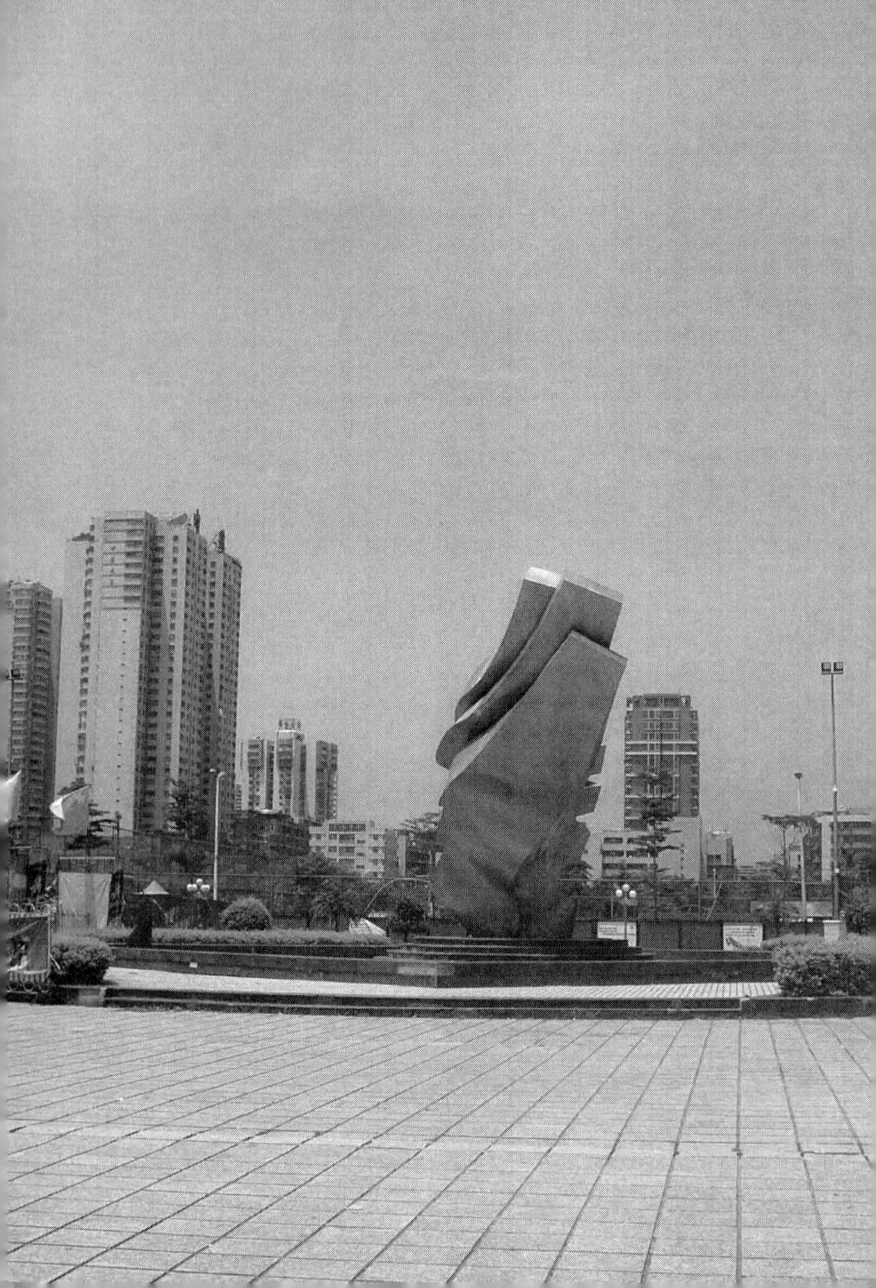

城市のうつりかわり

「嶺南の真珠」とたたえられた潮州
近代以降、急速な発展を見せた港町の汕頭
潮州語の話される韓江デルタの歩み

古代潮州（～6世紀）

潮州をふくむ華南には、中原の漢民族とは異なる百越と呼ばれる人びとが暮らしていた。中華統一後の紀元前214年、始皇帝は50万人の大軍を派遣し、この嶺南の地も中国の版図となった。その後、趙佗による南越国（紀元前203～前111年)、漢代におかれた南海郡の統治のもとでも、潮州の住人の多くは非漢族だったと考えられている（109年には潮州に海賊が出たという記録も残る)。三国時代には呉の勢力下となり、東晋の331年に韓江のほとりに潮州の街がつくられて現在まで続く潮州のもととなった。この時代の百越の末裔として現在、鳳凰山などに暮らす少数民族のショオ族がいる。

隋唐宋元（6～14世紀）

隋代の590年、「韓江の潮水が往復する」という意味から、潮州という名前が定められた。唐代、都長安から遠く離れたこの地は官吏の左遷地となり、韓愈や李徳裕らが潮州官吏をつとめている。こうしたところから中原の洗練された文化が華南ではいち早く伝わり、旧城中心部に立つ開元寺は隋唐以来の伝統をもつ（738年）。続く宋代、官吏の暮らす子城と街の周囲をめぐらせた外城が整備され、1171年から広済橋

▲左　堂々とそびえ立つ潮州旧城の東門（広済門）。　▲右　それぞれの橋桁にそれぞれの楼閣が立つ広済橋

の架橋がはじまった。また南宋になっても潮州の言葉や文化、衣服は漢族のそれと異なったものだったと伝えられ、潮州には数百の象が群居していたという。押し寄せるモンゴルの元軍に対して、南宋の張世傑、陸秀夫らは幼帝を連れて泉州、潮州へ逃れたが、1279年、厓山で滅亡した（その後、モンゴル軍は、激しい攻防のなかで潮州城を陥落させた）。またこの時代から、東南アジアへ向かう潮州華僑の船出がはじまっている。

明清（14 ～ 19 世紀）

1368 年に明が成立すると、翌年、潮州府がおかれ、その中心に海陽（潮州）があった。現在残る潮州旧城の原型はこの明代に整備されたもので、1370 ～ 72 年のあいだに広済門をはじめとする 7 つの門が建てられた。また元代まで中国東南岸で最大の港町だった泉州の衰退に替わって、潮州や福州が港町として台頭した。この時代、汕頭先の洋上の南澳島は倭寇の拠点となり、1557 年、倭寇が潮州に侵攻したという記録も残っている（潮州人はときに海上商人に、ときに海賊へと変化した）。明清交代にあたっては鄭成功が潮州にも勢力

▲左　潮州旧城ではバイタクやオート三輪車が活躍する。　▲右　夜のネオン、潮州新市街にて

を伸ばしたこともあり、明と清の勢力のあいだで50日以上にわたる攻防ののち、清朝の統治下に入った。

近代（19～20世紀）

清代中期まで、西欧列強は広州一港での交易を認められていたが、その拡大を求め、アヘン戦争（1840～42年）が勃発した（中国茶輸入の対価にイギリスはアヘンを輸出した）。敗北した清朝は、中国沿岸部の数都市の開港を余儀なくされ、その後の1858年の天津条約で潮州の開港が決まり、1860年、より貿易に有利な港町汕頭が開港された。当時、潮州の人びとは、最期まで西欧の進出に抵抗したという。一方、汕頭には韓江が運ぶ土砂による砂州が広がっていたが、西欧の領事館、銀行、商館などがおかれると、街は港湾都市へと変貌をとげた。1860年からわずか50年ほどで中国を代表する港へと成長し、この港から100万人を超える華僑が東南アジアへ進出した。また1938～45年のあいだ、潮州と汕頭は日本の占領下に入っている。

現代（20世紀～）

海運の優れた汕頭の台頭とともに、潮汕地方の中心は汕頭に移った。また中華民国時代、潮州府は廃止され、1914年、潮安県がおかれて、「潮州」は「潮安」と呼ばれるようになった。国共内戦をへた1949年に中華人民共和国が設立すると、多くの潮州人が香港に渡り、台湾に近い潮州や汕頭への投資がひかえられるということもあった。こうしたなか、1978年に鄧小平による改革開放がはじまり、資本主義制度の導入が決まると、華僑を多く輩出した港町汕頭が注目された（汕頭に経済特区がおかれ、東南アジアからの投資が呼び込まれた）。現在も汕頭は広東省東部を代表する港湾都市となっていて、一方、汕頭から韓江をさかのぼった潮州は歴史と文化の古都のたたずまいを見せている。

参考文献

『潮州二千年』（蔡启明 / 潮州市地方志办公室编）

『潮州市文物志』（謝逸主編）

『新汕頭』（内田五郎 / 臺灣總督官房調査課 ）

潮州市人民政府（中国語）http://www.chaozhou.gov.cn/

中国潮州（中国語）http://wscz.chaozhou.gov.cn/

潮州市韩文公祠（中国語）http://www.czhwgc.cn/

汕头旅游局公众网（中国語）http://www.stly.gov.cn/

［PDF］潮州 STAY（ホテル＆レストラン情報）http://machigotopub.com/pdf/chaozhoustay.pdf

［PDF］汕頭 STAY（ホテル＆レストラン情報）http://machigotopub.com/pdf/shantoustay.pdf

『世界大百科事典』（平凡社）

まちごとパブリッシングの旅行ガイド

Machigoto INDIA , Machigoto ASIA , Machigoto CHINA

【北インド - まちごとインド】

001 はじめての北インド
002 はじめてのデリー
003 オールド・デリー
004 ニュー・デリー
005 南デリー
012 アーグラ
013 ファテープル・シークリー
014 バラナシ
015 サールナート
022 カージュラホ
032 アムリトサル

【西インド - まちごとインド】

001 はじめてのラジャスタン
002 ジャイプル
003 ジョードプル
004 ジャイサルメール
005 ウダイプル
006 アジメール（プシュカル）
007 ビカネール
008 シェカワティ
011 はじめてのマハラシュトラ
012 ムンバイ
013 プネー
014 アウランガバード
015 エローラ
016 アジャンタ
021 はじめてのグジャラート
022 アーメダバード
023 ヴァドダラー（チャンパネール）
024 ブジ（カッチ地方）

【東インド - まちごとインド】

002 コルカタ
012 ブッダガヤ

【南インド - まちごとインド】

001 はじめてのタミルナードゥ
002 チェンナイ
003 カーンチプラム
004 マハーバリプラム
005 タンジャヴール
006 クンバコナムとカーヴェリー・デルタ
007 ティルチラパッリ
008 マドゥライ
009 ラーメシュワラム
010 カニャークマリ
021 はじめてのケーララ
022 ティルヴァナンタプラム
023 バックウォーター（コッラム～アラップーザ）
024 コーチ（コーチン）
025 トリシュール

【ネパール - まちごとアジア】

001 はじめてのカトマンズ
002 カトマンズ
003 スワヤンブナート

004 パタン
005 バクタプル
006 ポカラ
007 ルンビニ
008 チトワン国立公園

【バングラデシュ - まちごとアジア】

001 はじめてのバングラデシュ
002 ダッカ
003 バゲルハット（クルナ）
004 シュンドルボン
005 プティア
006 モハスタン（ボグラ）
007 パハルプール

【パキスタン - まちごとアジア】

002 フンザ
003 ギルギット（KKH）
004 ラホール
005 ハラッパ
006 ムルタン

【イラン - まちごとアジア】

001 はじめてのイラン
002 テヘラン
003 イスファハン
004 シーラーズ
005 ペルセポリス
006 パサルガダエ（ナグシェ・ロスタム）
007 ヤズド
008 チョガ・ザンビル（アフヴァーズ）
009 タブリーズ
010 アルダビール

【北京 - まちごとチャイナ】

001 はじめての北京
002 故宮（天安門広場）
003 胡同と旧皇城
004 天壇と旧崇文区
005 瑠璃廠と旧宣武区
006 王府井と市街東部
007 北京動物園と市街西部
008 頤和園と西山
009 盧溝橋と周口店
010 万里の長城と明十三陵

【天津 - まちごとチャイナ】

001 はじめての天津
002 天津市街
003 浜海新区と市街南部
004 薊県と清東陵

【上海 - まちごとチャイナ】

001 はじめての上海
002 浦東新区
003 外灘と南京東路
004 淮海路と市街西部
005 虹口と市街北部
006 上海郊外（龍華・七宝・松江・嘉定）
007 水郷地帯（朱家角・周荘・同里・甪直）

【河北省 - まちごとチャイナ】

001 はじめての河北省
002 石家荘
003 秦皇島
004 承徳
005 張家口
006 保定
007 邯鄲

【江蘇省 - まちごとチャイナ】

001 はじめての江蘇省
002 はじめての蘇州
003 蘇州旧城
004 蘇州郊外と開発区
005 無錫
006 揚州
007 鎮江
008 はじめての南京
009 南京旧城
010 南京紫金山と下関
011 雨花台と南京郊外・開発区
012 徐州

【浙江省 - まちごとチャイナ】

001 はじめての浙江省
002 はじめての杭州
003 西湖と山林杭州
004 杭州旧城と開発区
005 紹興
006 はじめての寧波
007 寧波旧城
008 寧波郊外と開発区
009 普陀山
010 天台山
011 温州

【福建省 - まちごとチャイナ】

001 はじめての福建省
002 はじめての福州
003 福州旧城
004 福州郊外と開発区
005 武夷山
006 泉州
007 厦門
008 客家土楼

【広東省 - まちごとチャイナ】

001 はじめての広東省
002 はじめての広州
003 広州古城
004 天河と広州郊外
005 深圳（深セン）
006 東莞
007 開平（江門）
008 韶関
009 はじめての潮汕
010 潮州
011 汕頭

【遼寧省 - まちごとチャイナ】

001 はじめての遼寧省
002 はじめての大連
003 大連市街
004 旅順
005 金州新区

006 はじめての瀋陽
007 瀋陽故宮と旧市街
008 瀋陽駅と市街地
009 北陵と瀋陽郊外
010 撫順

【重慶 - まちごとチャイナ】

001 はじめての重慶
002 重慶市街
003 三峡下り（重慶～宜昌）
004 大足

【香港 - まちごとチャイナ】

001 はじめての香港
002 中環と香港島北岸
003 上環と香港島南岸
004 尖沙咀と九龍市街
005 九龍城と九龍郊外
006 新界
007 ランタオ島と島嶼部

【マカオ - まちごとチャイナ】

001 はじめてのマカオ
002 セナド広場とマカオ中心部
003 媽閣廟とマカオ半島南部
004 東望洋山とマカオ半島北部
005 新口岸とタイパ・コロアン

【Juo-Mujin（電子書籍のみ）】

Juo-Mujin 香港縦横無尽
Juo-Mujin 北京縦横無尽
Juo-Mujin 上海縦横無尽

【自力旅游中国 Tabisuru CHINA】

001 バスに揺られて「自力で長城」
002 バスに揺られて「自力で石家荘」
003 バスに揺られて「自力で承徳」
004 船に揺られて「自力で普陀山」
005 バスに揺られて「自力で天台山」
006 バスに揺られて「自力で秦皇島」
007 バスに揺られて「自力で張家口」
008 バスに揺られて「自力で邯鄲」
009 バスに揺られて「自力で保定」
010 バスに揺られて「自力で清東陵」
011 バスに揺られて「自力で潮州」
012 バスに揺られて「自力で汕頭」
013 バスに揺られて「自力で温州」

【車輪はつばさ】
南インドのアイ
ラヴァテシュワラ
寺院には建築本体
に車輪がついていて
寺院に乗った神さまが
人びとの想いを運ぶと言います。

・本書はオンデマンド印刷で作成されています。
・本書の内容に関するご意見、お問い合わせは、発行元の
まちごとパブリッシング info@machigotopub.com までお願いします。

まちごとチャイナ
広東省009はじめての潮汕
～「潮州・汕頭」韓江デルタの世界［モノクロノートブック版］

2017年 11月14日　発行

著　者　「アジア城市（まち）案内」制作委員会
発行者　赤松　耕次
発行所　まちごとパブリッシング株式会社
〒181-0013　東京都三鷹市下連雀4-4-36
URL　http://www.machigotopub.com/
発売元　株式会社デジタルパブリッシングサービス
〒162-0812　東京都新宿区西五軒町11-13
清水ビル3F
印刷・製本　株式会社デジタルパブリッシングサービス
URL　http://www.d-pub.co.jp/

MP123

ISBN978-4-86143-257-6 C0326　　Printed in Japan